양쪽의 가장자리

'상충되는 대화'

자마니 브라운

시에 전념; 현실 속 감정의 자유

소개

사람들은 종종 말한 단어와 말하지 않은 단어 뒤에 숨겨진 진정한 의미와 힘을 분석하는 대신 사람이 말하는 내용에만 집중합니다. "괜찮다고 '말했잖아'" "괜찮다고 '말했잖아'" 요청자가 자주 반복하는 문구입니다. "나 자신을 설명하고 싶지 않았다" "하고 싶었다"는 말은 마음씨 착한 수용자가 말하지 않은 말이다. 내가 진실을 숨긴 건 전적으로 네 잘못이 아니야, 솔직히 말해서 네가 찾을 의도가 아니었어. 이 글을 읽는 다른 사람들이 사람마다 한계가 있다는 것을 이해하기를 바랍니다. 굳이 글로 써서 말하거나 뻔뻔하게 말할 필요도 없고, 그러기에는 인간은 너무 불완전하다고도 말할 필요가 없다. 당신이 얼마나 많은 의존성을 표현하고 얼마나 많은 독립성을 부족하게 만드는지 인식하십시오. 나는 말하지 않은 말이 곧 이해하기 시작할 것이라고 확신합니다.

'에

대한

두려

움

실망'

실망에 대한 두려움은 종종 다른 사람에게 메아리치는 감정으로 나타나 열등감을 유발합니다

열등감, 실망과 함께 오는 더 나쁜 감정.

실망은 혐오의 감정과 함께 여운을 남기는 후회를 낳는다

불완전한 행동의 실패에 근거한 자신에 대한 혐오감

열심히 노력하십시오. 내가 페르소나라고 생각하는 것은 더 열심히 노력할수록 실패할 가능성이 줄어든다는 것입니다

실패는 용납되지 않습니다

그걸 리가요

실패와 함께 그들이 정한 어떤 표준에 도달하기를 기대하는 사람들은 실망하게 됩니다. 그러나 내 힘의 정도는 아랑곳하지 않고

"네가 자랑스러워", 우리가 행복에 온전히 복종할 수 있게 해주는 유일한 말

실망에 대한 두려움

그들이 만든 의존성의 순환이 깨질 때만 끝나는 역겨운 악몽

휴식이 필요해요

나는 당신의 의존성을 처리 할 수 없습니다

고립되어 도망치고 싶다.

왜 내가 얼마나 피곤한지 볼 수 없어

왜 항상 나에게 기대가 높은가

할 수 있어요

그 밖에 필요한 것은 무엇입니까?

이제 할게요

다른 할 일이 없습니다.

필요한 것이 있으면 언제든지

알려주세요

열심히 노력하십시오. 사람들을 기쁘게합니다.

니트 스웨터를 공개할 수 있는 '아니오'

저의 경험도 그랬습니다

나는 20 살이고 내 머리를 흐리게 했던 말들이 이제 더

무겁게 느껴진다

게으른; 감사.

그랜드 캐니언을 가득 채울 만큼 큰 '예'

내가 창조한 생명의 새로운 모순

격리; 멸시.

나 자신을 다시 찾을 수 있는

'희망'

평안을 보는 단어

한 번 책임감을 가지세요

당신은 내 추론을 이해하지 못할 것입니다

내 몸은 나를 포기하고 있다

더 이상 정신을 집중할 수 없어

너무 화가 나

내 잘못이었어

왜 그랬는지 모르겠다.

그냥 피곤할 뿐이야.

나는 최근에 그것에서 벗어났다.

미안해

자부심을 가져야 합니다

난 널 위해서만 그랬어

어찌 내가 행복하다고 생각할

수 있겠어?

 나는 내가 실망 스럽다는 것을

안다.

특별한 것은 아닙니다

그것은 나의 선택이었다

나는 그것을 할

수 있어서 기뻤다.

나는 당신을

자랑스럽게 만듭니다

"자신의 한계가 허용하는 것보다 더 많이

주려면 어느 정도의 힘이 필요합니다"

"할 수 없는 사람은 다른 사람에게 더
많이 물어보세요"

혐오

화

열등

능력이

슬픔

'셀프-

절망'

자기 절망

무서운 효과

마음을 두렵게 만드는 피할 수 없는 감정

말과 말하지 않은 말과 생각이 만들어내는 환상

자신의 마음에는 희망이 없다

개인의 삶에서 부정적이고 불확실한 것에만 얽매인 열린

감옥을 만드는 것

광?

아니요.

빛은 새로운 시작과 희망을 위한 길을 인도한다 그것은

한때 상처를 주었던 감정과 욕망의 다른 의미를

수용으로 허용한다

어둠?

예.

어둠이 이제 위로를 준다

떠날 수 없어

아직 아니에요

성장하기 전에 시간이 더 필요합니다

누군가에게 속마음을 털어놓을 수 있으면 좋겠어요

왜 착한 사람들이 떠나는가

외로움이 나의 유일한

연결고리인가?

내가 어떻게 충분할 수 있겠는가

나는 과도한 공유를 좋아하지 않는다.

함께 볼 수 있는 사람을 찾지 못했습니다

정신적 연결이 더 중요합니다 그들은 더 많은

것을 찾고 있었습니다

나 자신을 사랑하는 것은 어렵다

나에 대해 그렇게 대단한 점

변화는 언제나 나를 외롭게 한다

왜 내 삶은 결코 충분하지 않은가

지혜에는 왜 대가가 따르는가?

모든 사람은 자기애를 실천해야 한다

나는 내가 누구인지에 감사한다

변화를 겪는 것이 좋습니다.

성장은 인생에서 중요한 것입니다

지혜가 있으면 더 좋은 기회가 온다

아름다움과 만족감, 그것을 보는 사람만이 받아들일 수 있는 것들

아름다움은 만족감과 마찬가지로 사회에서 전망이나 느낌으로 간주됩니다

모든 사람이 '가질 수 있는' 것을 갖는 즐거움은 그것을 '느낄' 수 있는 사람들에게만 국한됩니다

아름다움과 만족, 실패와 기준에 시달리는 달콤한 슬픔의 멜로디

오직 한 사람만이 사람의 아름다움과 만족을 진정으로 볼 수 있을 것이다

그런 두 가지가 그들을 능가했다고 생각하는 사람도 있지만 지금은 알 수 있습니다

아름다움과 만족감: 그것을 받아들이고 믿는 사람들만이 그럴듯하다고 여기는 것들

"외부인이나 사랑하는 사람의 인정은 결코
당신이 스스로에게 줄 수 있는 진정한 인정에
해당하지 않을 것입니다."

"표면을 깨지 않는다면 어떻게 성장할 수

있습니까?"

자기 혐오

화

열등

사랑스럽지

않은

'미래의 대화'

"당신에게 인생은 어땠습니까?"라고 경멸과 후회의 감정을 느끼지 않고 어떻게 대답할 수 있습니까?

행복과 내가 아끼는 사람들과 함께 있는 것이라고 말해야 할 것 같습니다. 아니면 돈과 명예를 원할 수도 있습니다

나에게 삶은 고립이다. 경멸과 물론 후회

나는 내가 원하는 삶을 슬픔으로 않고, 내가 한 번도 원했던 적이 없는 것이라고 생각한다. 정말 감사하다는 말밖에 할 말이 없습니다

나는 마침내 미래의 나를 위해, 사물이 작용하는 대로 경험하기 위해 진로를 바꿨다

데자뷰처럼 기억 속에 갇힌 예전의 나를 뒤로하고

녹색의 다양한 음영, 내 존재와 관련된 색의 음영

에메랄드 그린은 어둠과 빛의 아름다움이라고 부를 수 있는 나의 뿌리 또는 영혼과 연결되며, 둘 중 어느 것도 다른 하나를 가리지 않습니다

그것이 내가 내 삶을 상징하기 위해 선택한 색이다

변화는 내 마음 자체가 끊임없이 겪는 것이며, 지식과 전망의 성장은 시간이 지남에 따라 올 수 있습니다

그러나 초록빛은 꽃이 만발한 나무처럼 밝을 수

있지만 침울한 숲처럼 어두울 수 있습니다

내가 한결같이 걷고 있는 삶의 두 가지 그늘 역시

과거의 나로부터 만들어진 길이다

나에게 앞으로 나아간다는 것은 과거의 모든 후회,
분노, 상처를 변화되고 정제된 자아를 여는 다음
단계로 나아가는 것이다

그제서야 시간이 얼마나 정지되어 있는지 깨닫게 된다

나는 창조된 자기 연민에 홀로 파묻혔다

스무 살은 과거의 기억이 또렷하고, 영원히 살 수 있을
것 같다는 생각에 묘한 편안함을 느꼈다

내 말은, 시간이 느껴지지 않는다면 어떻게 늙어갈 수
있겠는가

변화되고 정제된 미래의 내가 드디어 새로운 느낌,
시간 그 자체를 맞이한 것 같다

2022 년은 중요한 이정표가 될 것이라고 느꼈습니다

내가 행복을 되찾을 줄 누가 알았겠어요

내가 다시 시를 쓰기 시작할 거라고 누가 상상이나 했겠는가

내가 그 사람의 껍질을 깰 거라고 누가 생각이나 했겠어요
몇 달이 지나면서 만들었습니다

2022 년, 어린 시절의 나를 찾은 해

악몽이 그렇게 무섭지 않고, 잠이 더 이상 나를
괴롭히지 않을 줄 누가 알았겠는가

저는 제 삶에서 창조할 수 있는 것들을 진정으로
즐기기 시작했습니다

10 살이 되어서 'Sweet Sixteen'은 절대 가질 수 없을
거라고 생각했어요.

운전을 배우거나 성인이 되어서도 누릴 수 있는 삶을
살게 되리라고는 생각도 하지 못했습니다

스무 살이 되어서야 깨달았다

나는 내 미래에 대해 생각해 본 적이 없다

그래서 현재를 버리는 게 전부인 것 같아요

나는 시를 쓰고, 피아노를 치고, 책을 읽는 열정을 다시
소개했다

내 방에서 행복하게 혼자서, 다시 내 마음 속에
수많은 생각과 가능성을 품고

 더 명확한 미래를 위한 설계

성장

어음의 인수

잔돈

행복

사랑 스러운

'강제

출발'

우리가 매달리는 사람들로부터 강제로 떠나다

미래의 순간, 우리는 번창할 수 있는 새로운 방법을 찾기 위해 포기합니다

행복은 양날의 칼에서 비롯되며, 상처 입은 사람만이 느낄 수 있다

거리감의 서서히 다가오는 현실을 해결하기 위해 고통의 전제 조건을 환영한다

상처를 스스로 인식하지만 마음의 잠재의식

속으로 밀어 넣는 것

압도적인 죄책감

양날의 칼을 느낀 적이 없는 홀더를 남겨

양측이 숨을 쉴 수 있을 거라고 생각했던 거짓 거품에 안주했다

왜 날 위해 싸우지 않는 거야

당신 없이는 성장할 수 없습니다

널 미워할 수 있으면 좋겠어

내 미래에서 널 지울 시간이야

 제발 내게로 돌아와줘

이쪽이 더 좋다.

우리는 함께 성장할 수 없습니다

언제나 널 사랑할게

이거 안녕히 계세요 갈

시간이야

아니요. 울지 마세요

그만한 가치가 없습니다.

왜 내 몸은 내 말을 듣지 않을까

나는 왜 이런 감정을 느끼는가?

예. 울다

당신은 그럴 자격이 있습니다

나는 나 자신을 자유롭게

하고 있다

이 느낌은 왜 그렇게

부서지기 쉬운가요?

때가 된 것 같아요

나는 다시 내 자신의 일부를 잃고 있다

이런 느낌이 싫어

어찌 행복이 너희와 관련되지 않을 수 있겠는가

왜 난 너 없이 행복을 느낄 수 있을까

때가 된 것 같아요

넌 날 바꿨어

나는 그것이 더 나은 것이라고 생각한다

어쩌면 우리의 길은 너무 다를

수도 있습니다 우리는 둘 다

성장할 시간이 필요합니다

보고 싶었어요
나는 우리의 우정이 끝나는 것을 결코 원하지 않았다
그래도 나는 너에게 발자국에 가까웠다
함께한 세월은 단 한 번의 작별 인사도 없이 끝났다

어때요?
어쩜 이렇게 시간이 나를 배신하고 현실에 안주할 수
있단 말인가?
나는 시간이 성장하는 친구라고 생각했다
나는 시간이 목적을 위한 수단일 뿐이라는 것을
잊었다

" 다리는 영원히 지속되지 않습니다. 시간이

지나면 재건해야 합니다."

"떠나는 것은 성장하려고 노력하는 것보다 더

많은

용기가

필요합니

다. 어두운"

'괘

곁에

운명'

운명
운명보다 더 위대한 홀드
가장 강력한 상대
결코 있을 수 없는 희망찬 승리

선택
무의미한 사건
그것은 결코 운명을 좌우할
수 없었다
다른 미래를 위한 기회

미래

미리 작성된 경로

내 존재 전체가 하드 드라이브에 새겨져

있습니다.

운명일 뿐이라고 생각했던 시늉 차이

'갈등

곁에

운명'

운명
통제 가능한 '운명'
스스로 원하는 여정
정해진 미래

결정
계산된 선택 항목
결론이 난 길에서 벗어나는 길

현재
더 큰 삶의 범위를 가늠하기
영원히 바뀌는 결말
미래를 창조할 운명이라고 생각하는 것의 차이입니다

'길을 잃었다 추억'

지금은 내 과거를 어렴풋이 볼 수 있을 뿐이다

나는 언제 나 자신을 잊었는가?

어찌 나 자신을 잊을 수 있겠는가

내 주변에 있는 사람들이라고 말할 수 있으면 좋겠다

하지만 나는 언제부터 나 자신을 속이기 시작했을까

다른 사람들과 함께 있으면 어떻게 다시 내 방에 혼자

있는 것 같은 기분이 들 수 있을까

그 두 사람의 감정이 바뀌었습니다

내 방에 혼자 있으면 안심할 수 있고, 행동과 생각이 더

자유로워집니다

모든 절망감과 종말에 대한 갈망이 가라앉을 것입니다

나는 다른 사람들의 기대의 무게를 덜어주었다

처음에는 깨닫지 못했지만, 시간이 지나면서 한때

느꼈던 감정은 내 정신력만이 극복할 수 있는 것이

되었다

마지막으로 꿈을 꾼 게 언제였는지 기억이 나지 않는다

어렸을 때였던 것 같아요

꿈은 사탕과 같았다

너무 쉽게 도난 당할 수 있습니다.

꿈은 상상할 수 없는 사람들에게 매우 소중합니다

사실 나이가 들면서 꿈이 현실에

시달렸던 것 같아요

 너무 쉽게 변경

'아빠'

그 단어를 말하는 것이 부자연스러워 보입니다

왜 공허한 말을 내뱉는가

'엄마'

그 단어를 말하는 것이 안전하다고 느낍니다

왜 나는 사랑이 담긴 말을 하지 않을까

'언니'

그 말씀을 들으면 위로가 됩니다

한마디 하는 것은 구축된 연결과 개방성에서 비롯됩니다

시인

작가

저자

과거의 기억이 정복하기 위해 노력하는 미래의
이미지

"순간의 소중함은 그 순간이 오기 전까지는
결코 알 수 없습니다
추억이 된다"

갈등

걱정

다름

'엔딩

리플렉션'

항상 사물을 받아들이는 것이 아니라 재정의하는
것입니다
당신의 삶에 맞는 다른 정의 아래

좋든 나쁘든 모든 기억은 당신의 삶에서 한 자리를 차지하고 있으며, 파편으로 간직되어 무력하며, 당신의 미래를 이끄는 전체를 완전히 통제할 수 없습니다

향후 재발 방지를 위해 과거 관계 재평가

과거의 경험을 3 인칭으로 보고, 마치 캐릭터인 것처럼 머릿속에 더블 유를 만들고, 그 안에서 자신의 역할을 분석하세요. 자신을 악당과 영웅으로 상상하고, 그래야만 다른 사람의 관점을 이해할 수 있습니다

내가 꿈꾸는 새로운 삶에서 더 이상 목적이
되어서는 안 되는 기억들에서 떠오른 생각들,
절대 잊을 수 없는 감정들, 변화에 대한 끝없는 내적
투쟁, 혐오스러운 행복을 가져다주는 습관

시는 분노 없이 감정을 표출할 수 있는 유일한
표현 방식이었다. 위로를 받았던 충만한 슬픔

9 798330 282043